A ma mère, qui m'a dit un jour
« je peux te rajouter sur amstramgram ? »

A l'équipe du guide « Sortir la nuit à Paris »,
Qui m'a permis de passer de l'écrit au visuel

Outils de **création** graphique _____-/ 1

Création graphique
Pour le print, web, et applis mobiles

Je suis webdesigner UX spécialisé e.commerce, enseignant en marketing digital dans des écoles de commerce, depuis 2012. Avant j'ai été graphiste (pour Lancome et Guerlain notamment) et journaliste (pour Ouest france et Radio Nova).

J'ai donc été graphiste en agences pendant dix ans.
Merci aux équipes, directeurs artistiques, clients annonceurs, qui m'ont laissé créer et inventer des affiches et emballages. Ca a été particulièrement bon pour le moral de réaliser cette affiche qui était partout dans le métro pendant six mois.

Et les éclats de rire autour de la créa des présentoirs pour une opération Nutella à la chandeleur en supermarché …

Outils de **création** graphique _____ -/ 2

Pour commencer voici mon syllabus, un document classique pour les écoles ...

Syllabus / Objectif	- apprendre et maitriser les outils, être un bon créatif autonome - créer et respecter une charte graphique - connaître les différents courants de la création graphique
Méthode	- 50% cours 50% exercice. travail de recherche en petits groupes > présentation orale / - visites d'entreprises où j'ai des contacts : google amazon prestashop salesforce
Cas concrets	- exercices sur des cas existants ou à créer > présentation orale
Sources	- mag. : stratégie, CB news. blogs digital a suivre : prestashop wordpress shopify codeur.com
Evaluation	- mémoire de fin de cours, (basé sur votre stage ou alternance) - examen de 20 questions, (devoir sur table)
Métiers visés	- bachelor : community manager, chef de projet, attaché de presse, - master : responsable du marketing digital, chef de produit - domaines : mode, luxe, événementiel, sport, industrie B to B, franchises, hôtellerie ...

Outils de **création** graphique

Sommaire

Adobe CC, tarifs, applis,   P. 12
présentation des différents outils

Photoshop :   P. 15
Résolution d'image, couleurs, Interface,
Sélections, baguette magique et laso magnétique,
calques, polices, masque, fusion de calques,
teinte et saturation, courbes et niveaux,
goutte d'eau netteté densité tampon et formes
Les nombreux filtres ... Créer un gif animé

Indesign : créer des pages des styles   P. 37
et des gabarits, palettes importantes,
export pdf haute def a fond perdu
Illustrator : vectorisation, pathfinder   P. 46

Autres outils :   P. 56
côté tendances : dribble et behance,
coté outils : Canva et Pixlr, quizz et exercice

Webdesign. Créer une newsletter   P. 61
utiliser **wordpress,** pages articles menus et blocs,
graphisme pour le e.commerce et les réseaux

Applications mobiles, jeux monétisés,   P. 83
réalité virtuelle et augmentée, objets connectés
création d'applis, figma, good barber,
 android studio et Xcode iphone,

En agence de pub ... les métiers d'une agence,   P. 102
Brief agence et gestion de projet, méthode agile,
La charte graphique, exemples de chartes,
Formes et symbolique des logos, couleurs et
symbolique, polices et symbolique,
 vocabulaire graphique, les deux pistes,

Les imprimeurs. Formats, supports, BAT final,   P. 139
PDF hd, Découpe finition carré collé 4 couleurs
offset sérigraphie emballages

10 tendances de design graphique à suivre :   P. 153
Greenery, less is more, flat design, pastels, vintage 30
60 80, tropical, vegetal degrade vif

Parcours utilisateur

" Nous considérons nos clients comme des invités, à une fête où nous sommes les hôtes. C'est notre job d'améliorer leur expérience un peu plus chaque jour." Jeff Bezos, amazon.

" Quand vous essayez de prendre une décision importante, et que vous êtes divisé, demandez-vous : si le client était là, qu'est-ce qu'il dirait ? " Darmesh shah, Hubspot.

Outils de **création** graphique

Outils de **création** graphique _____-/ 7

Schéma général

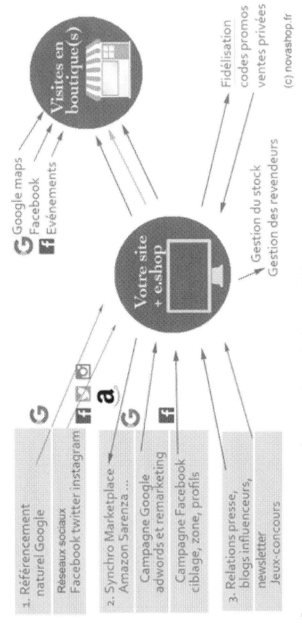

Dans ce cours nous parlerons de webdesign UX
(le rond bleu au centre)

Apprenez ces deux schéma par cœur !

A mon avis c'est l'essentiel que vous devez retenir en 5 ans d'école de commerce : l'importance du parcours utilisateur, et la notion de business modèle ...

Définitions importantes à noter

Business modèle : comment votre entreprise est-elle rentable. Les achats, les ventes les partenariats ...
Le meilleur est : par abonnement (ex: spotify, SFR).
Freemium : une gamme d'abonnements dont le premier est gratuit mais limité (ex: gmail).

Parcours utilisateur : prévoir toute la stratégie d'acquisition, de vente et de fidélisation sur un même parcours.
Community manager : il créé du contenu **texte photo vidéo** et le diffuse sur différents canaux et événements, puis il surveille les réseaux et répond.

Fidélisation: fidéliser coute moins cher qu'acquérir un nouveau client, en envoyant des codes promos et avantages.
CRM : gestion relations clients, avant et après la vente. (ex. hubspot)

Création graphique 1 / Adobe creative Cloud, photoshop indesign et autres

Photoshoper – elle est toute photoshoppée !
Photoshop est tellement célèbre que c'est devenu un verbe ! Cette suite de logiciels est devenue indispensable en agence de pub, pour la création de graphisme, affiches, emballages, magazines, ou de vidéos, et n'a aucun concurrent qui lui arrive à la cheville.

Rassurez-vous, vous pouvez utiliser photoshop d'une manière très sophistiquée, surtout si vous êtes photographe, pour la retouche d'images, mais aussi simplement, pour tes travaux rapides.

Enfin, nous allons voir dans ce chapitre qu'il existe des alternatives comme Pixlr E, si vous n'avez pas photoshop sous la main.

Adobe Creative Cloud

Adobe CC comprend :

Usage de chaque logiciel :
photoshop > print (affiche, flyer) et web
illustrator > dessins vectoriels (logos)
indesign > print (catalogue, magazine)
adobe XD > prototypage, app et web
première et after effect > montage video

adobe stock > achat d'images et vidéos
bridge, lightroom > retouche et cloud

Tarif : 65€ /mois (étudiant : 20€ /mois).
plus d'infos : adobe.com/fr

Egalement :
behance > portfolio freelance
magento > créa site e.commerce

photoshop express

pour mobile, et photoshop pour ipad

Outils de **création** graphique

Photoshop > créa affiches et flyer, format .psd
Les outils

L'interface de Photoshop est composé :
d'une barre d'outils (à gauche)
d'un menu en haut ainsi qu'une barre d'oprions (qui varie selon l'outil que vous utilisez)
et de palettes (à droite)

Chaque outil a une petite encoche en bas à droite de celui-ci, tout petit, et peut être changé en 3 ou 4 autres outils.
 Ce cours a pour but de maîtriser les principaux outils.

Outils de **création** graphique -/ 13

Résolution d'image et format

	résolution	*format*	*couleur*
Print (hd)	**300 dpi** (en mm)	.psd > .tiff	CMJN
Digital (bd)	**72 dpi** (en pixel)	.psd > .jpg ou .png	RVB ou html #

DPI = dot per inch, pixel par pouce au carré.
Couleurs html #123456
La largeur de tous les sites web est de 1200 px
plus grand est inutile. > restez léger !
Une même image de 2000x1000 pixels
Sera 4x plus grande en cm, à 75 dpi qu'à 300 dpi.

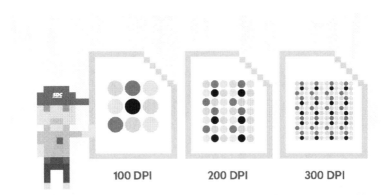

100 DPI   200 DPI   300 DPI

Outils de **création** graphique _____-/ 14

Ce n'est pas très évident à comprendre mais par contre très important. le nombre de points (pixels) par pouce , DPI, c'est-à-dire sur une même surface, comporte 4 fois plus de pixels à 300 dpi qu'à 75 dpi.

Vous n'avez pas le choix si vous voulez imprimer les images doivent être à 300 dpi et si vous voulez destiné au digital vous devez faire léger et donc à 75 DPI.

Quant aux couleurs il y a trois façons de l'exprimer
CM JN cyan magenta jaune noir
RVB rouge vert bleu
 ou HTML # et six lettres ou chiffres (ex : #2356rd).

 là encore, la haute définition comporte
quatre chiffres CMJN pour chaque pixel (pour la quadri)
et le digital, 3 chiffres RVB pour chaque pixel (plus léger)

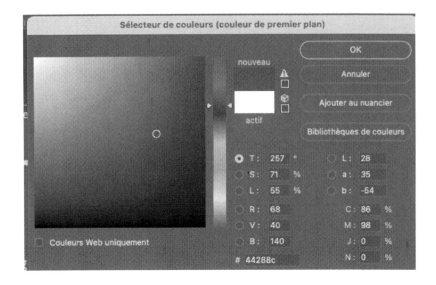

Fenêtre des couleurs (cliquez sur une couleur, à gauche)

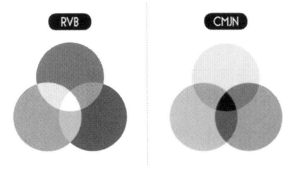

Outils de **création** graphique

Photoshop

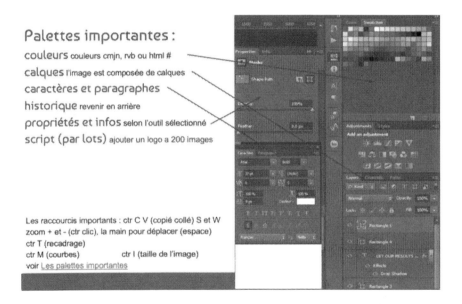

Palettes importantes :
couleurs couleurs cmjn, rvb ou html #
calques l'image est composée de calques
caractères et paragraphes
historique revenir en arrière
propriétés et infos selon l'outil sélectionné
script (par lots) ajouter un logo a 200 images

Les raccourcis importants : ctr C V (copié collé) S et W
zoom + et - (ctr clic), la main pour déplacer (espace)
ctr T (recadrage)
ctr M (courbes)   ctr I (taille de l'image)
voir Les palettes importantes

A droite vous avez des palettes ouvertes, et beaucoup plus de palettes fermées, que vous ne voyez pas pour l'instant.

Ce cours a pour but de connaître les palettes les plus importantes :

La palette des calques,
De Couleurs caractères paragraphes et historique.

Outils de **création** graphique _____-/ 17

Si vous ne les voyez pas, allez dans le menu Fenêtre et ouvrez-les. Par exemple à votre 1ere ouverture de Photoshop, la palette des calques, la plus importante de toutes, n'apparaît pas ...

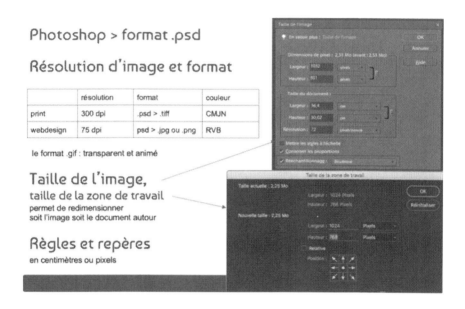

La notion la plus importante avec ce logiciel est la résolution d'images. (Menu image / taille de l'image).
Il faut en retenir deux :

Pour le print (Catalogue magazine emballage, tout ce qui s'imprime), les images doivent être de haute qualité,
Donc couleurs en 4 chiffres, 300 pixels par pouce et format non compressé en post script > .tiff

Pour le web, les images doivent être légère, donc couleurs en 3 chiffres, 75 pixels par pouce, et format de fichier hyper compressé (quand 2 pixels sont similaire, le fichier ne retient qu'une couleur de pixel). > .jpg

La taille de la zone de travail permet d'agrandir le document sans modifier la taille de l'image. Ainsi si vous agrandissez la zone, vous aurez une marge noire tout autour de votre image d'origine.

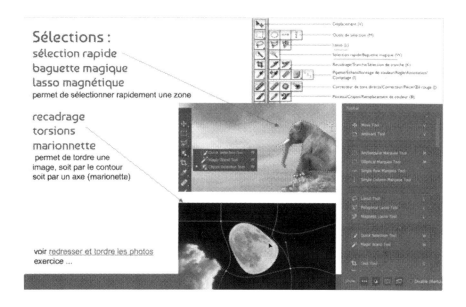

Les sélections. Si vous voulez modifier une zone précise de votre image, il faut d'abord créer une sélection.
D'abord soyez sûr d'être sur le bon calque !

Outils de **création** graphique _____ -/ 19

Vous pouvez créer des sélections rectangle, ovale, en ajouter plus avec la touche majuscule enfoncée, ou moins avec la touche alt. Plus deux autres façons de créer une sélection :

La baguette magique, qui permet de cliquer sur un endroit de la page (qui est forcément un pixel) et qui sélectionne tous les pixels alentours qui ont des chiffres similaires en RVB (avec un niveau de tolérance en % qu'on règne en haut et qui est en moyenne de 30%.

Et le lasso magnétique, qui permet de suivre un contour (ici l'éléphant), et quand on se trompe qu'on varie manuellement de quelques pixels à gauche ou à droite, ça corrige ! Ca reste sur la limite où les couleurs changent.

Les calques

Il faut imaginer votre image comme un mille feuille que vous regardez par en haut.
Chaque calque est au dessus ou en dessous d'un autre (et donc il peut être caché).
Vous pouvez les dupliquer.
On peut créer des dossiers de calques.
Le bouton pour créer un nouveau calque est en bas de la palette.
On peut le faire disparaître sans le supprimer, en cliquant sur l'œil.

Polices, palettes caractères et paragraphes

permet de gérer les polices
exposé, majuscules ...

pixelliser le texte pour en faire une image
écrire sur une courbe
ombre portée et autres effets sur le texte

voir Tutorial photoshop cs3 fr effet métal chromé
exercice ...

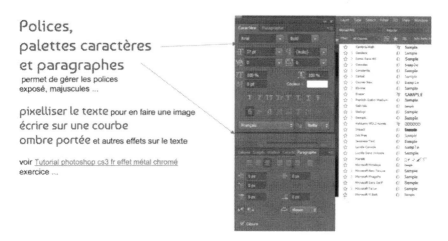

Ces palettes sont utiles dès que vous utilisez du texte.
Quand vous cliquez sur l'outil à droite « T » vous allez saisir du texte, cela créé instantanément un calque texte.

Outils de **création** graphique _____ -/ 21

En cliquant deux fois sur le calque texte, vous avez une fenêtre des options de calque, qui vous permet de créer du relief des ombres des incrustations de dégradés et des ajouts de matière et texture, sur votre texte, que vous pourrez encore modifier plus tard.

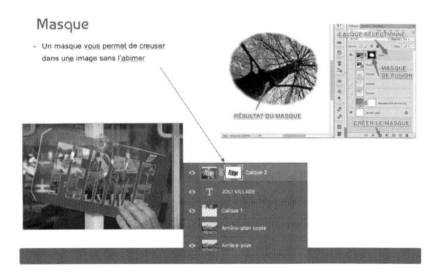

Les masques sont des outils qui permettent de faire un « trou » dans un calque pour voir celui du dessous sans l'endommager.

Vous pouvez toujours supprimer un élément d'un calque pour voir en dessous mais si vous décidez de les bouger plus tard, votre calque aura un trou définitif. Alors qu'un masque est provisoire.

Pour cela cliquez sur le bouton en bas qui représente un ovale. Voilà votre masque est réalisée mais il est plein. Il faut

maintenant y faire un trou. Pour cela il faut créer une sélection et la supprimer (touche delete).
Vous pouvez aussi bien sur supprimer le masque sans supprimer le calque.

Les calques, les masques d'encrétage

permet de creuser un calque pour voir celui du dessous.
voir mettre une image dans du texte
exercice ...

Les masques d'encrétage permettent d'incruster une image dans un texte. Ce sont des maques encore plus automatisé, dans le cas d'un texte (exemple : LION).

Outils de **création** graphique

Fusion de calques

- Vous pouvez changer la fusion d'un calque par rapport aux autres.
- l'oiseau et le soleil

Les fusions dont des moyens de fusionner deux calques entre eux. Par exemple un visage et un ciel, ou une fille et une ville. Le 1er a une fusion avec le 2e.

Le menu fusion est en haut de la palette des calques. Par défaut la fusion est « normale », c'est-à-dire qu'il n'y en a pas.

Pour l'utiliser vous devez changer pour une autre fusion. En général on en essaye plusieurs avant d'un choisir une. Superposition ou incrustation ou saturation sont souvent utilisés.

On peut aussi changer l'opacité d'un calque, à droite de ce menu fusion.

Couleurs

rvb cmjn ou #
dégradés

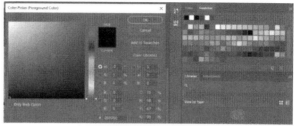

outil : pinceau remplacement couleur

voir remplacer une couleur, exercice ...

Les couleurs sont exprimées
soit en CMJN cyan magenta jaune noir
soit en RVB rouge vert bleu (un chiffre de moins)
soit en html c'est-à-dire avec un dièse # devant et 6 chiffres,
(pour le web). #ffffff est le blanc.
La fenêtre des couleurs vous donne tous ces chiffres, cliquez
sur la couleur, en bas des outils, à gauche.

Les dégradés peuvent être appliqués à une zone de sélection.
L'outil est bien caché derrière l'outil pot de peinture. Vous
avez le choix entre plusieurs dégradés, ou bien vous pouvez
en modifier un. Vous pouvez créer et bouger ces petits carrés
sous la barre de dégradé, et modifier leur couleur.

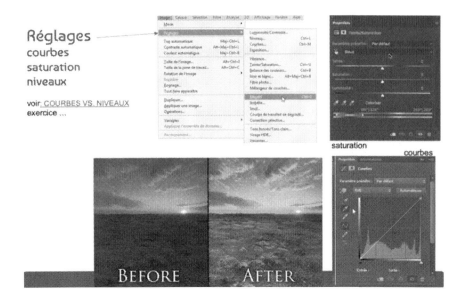

Réglages : le menu image / réglages. Ceux qui sont souvent utilisés :

Saturation
Si avec un produit (ex. : canapé) en 3 couleurs (canapé rouge, vert et bleu), vous n'avez qu'une photo, utilisez la fenêtre des saturations, menu image / réglages / saturation Pour faire des déclinaisons de couleurs.

Courbes (ctr T) ou niveaux
Deux approches pour un même résultat, permettent de modifier les courbes ou nivaux de couleurs et de lumière de votre image. Soit de la totalité des niveaux (le plus souvent) soit uniquement des rouges clairs ou bleus foncés par exemple.

Outils de **création** graphique

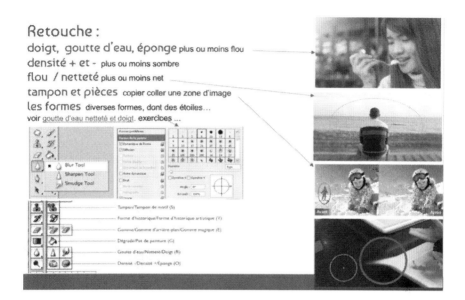

Retouche :
doigt, goutte d'eau, éponge plus ou moins flou
densité + et - plus ou moins sombre
flou / netteté plus ou moins net
tampon et pièces copier coller une zone d'image
les formes diverses formes, dont des étoiles...
voir goutte d'eau netteté et doigt. exercices ...

Les retouches sont des modifications d'une partie de votre image. Dans la barre des options d'outils en haut, on peut modifier : le diamètre, (20 à 500 pixels), contour progressif (net ou en dégradé), et l'opacité (0 à 100%).
Les plus utilisés :

Outil goutte d'eau : permet d'ajouter du flou, pour mettre en valeur le 1er plan ou le produit par exemple.

Outil tampon : permet de copier une zone et de la coller ailleurs. Cliquez sur la zone à copier, puis cliquez sur la zone de destination, maintenez le clic et glissez pour copier plus qu'un cercle, puis utilisez ça comme le pinceau.

Outils de **création** graphique

Outil densité + ou densité - : éclaircir ou assombrir une zone. Egalement avec un niveau de densité et une taille à régler dans la barre des options d'outils, en haut.

Les filtres sont des effets préenregistrés, qu'on peut modifier et paramétrer précisément, et qui sont cumulables.

Pour ouvrir les filtres, ouvrez le menu Filtres / galerie des filtres.

Vous pourrez ajouter un seul ou bien plusieurs filtres cumulés (dans la colonne de droite de cette nouvelle interface) et pour chacun, choisir un filtre, les régler séparément. Ils sont donc cumulable.

Outils de **création** graphique

Créer un gif animé avec photoshop

menu fenêtres / palette animation . exercices ...

Ouvez la palette « animations » (qui s'affiche en bas de l'écran). Vous pourrez créer plusieurs vignettes. Chaque vignette est une image, avec ses calques. Paramétrez le temps de diffusion de chaque vignette, en général d'une seconde. Exportez au format gif.

Exercice

Voici des affiches de grands films. Choisissez en 3 (ou d'autres films) et tentez de les reproduire en prenant des images sur internet et en détourant les parties dont vous avez besoin.

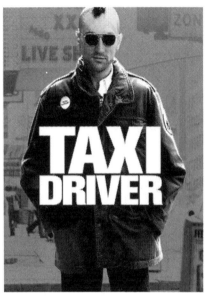

Outils de **création** graphique

Indesign

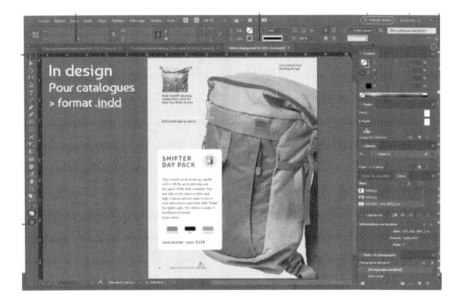

In design gère des pages, et permet la mise en page de catalogues et magazines (.indd)
Ce logiciel est parfaitement complémentaire de Photoshop. le premier gère des pages avec des blocs d'images et de texte et le deuxième permet d'éditer des images, (une par une).

On peut également créer un ebook avec indesign (format epub).

L'exportation aura lieu en PDF, soit léger en vue d'être téléchargeable sur un site, soit en haute définition c'est-à-dire que les images comprises dans le PDF sont à 300 dpi et avec un fond perdu, c'est-à-dire des traces de traits de coupe sur tout le pourtour des pages.

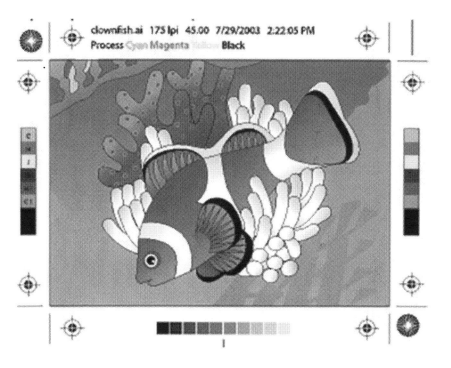

Les palettes importantes sont :

Les pages : la plus importante de toutes. C'es là justement qu'on rajoute et manipule les pages et aussi els gabarits, c'est-à-dire ce qui est commun a plusieurs pages (les hauts et bas de pages dont le N° de page)

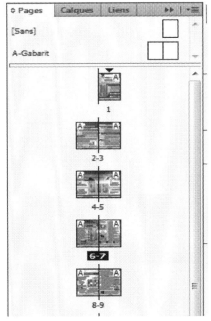

Les styles de paragraphes : c'est là que vous enregistrez les styles que vous utilisez souvent : titre texte encadré citation légende ... en le modifiant (police couleur ou autre), ça modifie ce style partout où il est utilisé.

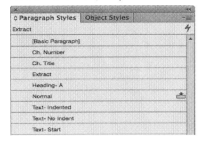

Les liens : Cette palette regroupe tous les liens vers les images utilisées dans le document, avec des informations précieuses dont la définition de l'image (300 DPI et CMJN ?). Cette palette permet aussi d'ouvrir une image directement dans photoshop.

Les couleurs : les couleurs utilisées dans le document. Attention elles doivent toutes être séparées en CMJN !

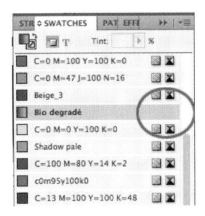

En détails, Indesign permet de :

- Créer une charte graphique (polices et couleurs) et la respecter.
- Choisir un format pour le magazine ou le catalogue, format A4 (21x29,7 cm), A5 (21x15cm) ou en général entre les deux
- Choisir un nombre de pages, en fonction du nombre de rubriques (chemin de fer)

- Choisir une police et couleur et les enregistrer (style de paragraphe) : **titre, chapo, inter, texte, légende, rubrique, et encadré** et les enregistrer (palette styles de paragraphes) avec ces noms.

- créer un gabarit, avec l'habillage et le N°d des pages
- créer des blocs texte et blocs images dans lesquels on importe les contenus
- Relier les blocs textes pour que le texte suive les pages

Epaisseur de papier (en général) :
Intérieur 130 g/m2, Couv. 250 g/m2 (flyer 350 g/m2)

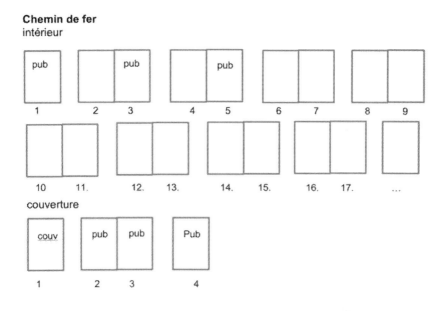

Bouclage : VERIFIER des choses importantes (assemblage)

Outils de **création** graphique

- toutes les polices sont dans le dossier, toutes les images sont à 300 dpi en cmjn, les couleurs au bord dépassent, les liens sont à jour, les couleurs sont en cmjn. ajouter les traits de coupe.
- créer un pdf haute def pour l'imprimeur (images à 300 dpi avec fonds perdus (où l'on voit les traits de coupes, ici à gauche)

Créez et vendez un e.Books (indesign)

- Vous pouvez créer un ebook avec indesign
- Le format est : .epub (s'adapte à l'écran), .pdf (fixe) ou .docx (word)
- Vous pouvez le vendre en version papier sur amazon kindle
- Et en version ebook (pour liseuse) sur amazon, google play et apple store et kobo (rakuten > fnac)
- Créez une couverture (une image) avec photoshop
- Pour créer un livre de qualité, il faut : un bon sommaire détaillé, un titre un sous titre et une description
- Sur amazon, vous pouvez faire de la pub au cout par clic

	Amazon	Google play	Apple store	Kobo (fnac)
Livre (papier)	x			

| Ebook (liseuse) | x | x | x | x |

Outils de **création** graphique _____ -/ 39

Illustrator

Vous l'aurez peut-être compris, la différence fondamentale entre Photoshop et Illustrator est que le premier gère des images à base de pixels, tandis qu'illustrator gère des formes vectoriele (remplie d'une couleur), et ne gère pas de pixels du tout. ainsi un dessin vectoriel illustrator peut être agrandi sur une bâche de façade d'immeuble de 6 étages et rester net.

Ce logiciel est donc est utilisé principalement pour créer des logos, mais est aussi utilisé pour une des 10 tendances majeures actuellement que nous verrons à la fin du livre et qui s'appelle le « flat design » , très utilisé depuis 2010 par Google et Apple.

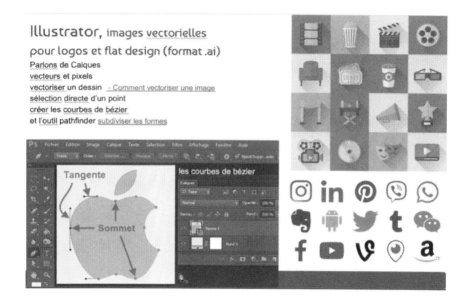

On n'y retrouve aussi une palette de Calques,
dans chacun se trouve une forme

Pour créer une forme il faut utiliser l'outil plume et faire des cliquer glisser (c'est-à-dire qu'on maintient le clic enfoncé en bougeant la souris) ce qui crée des non pas des traits droit mais des courbes, dont on peut encore modifier l'inclinaison avec ce qui apparaît à côté et qui sont des courbes de Bézier.

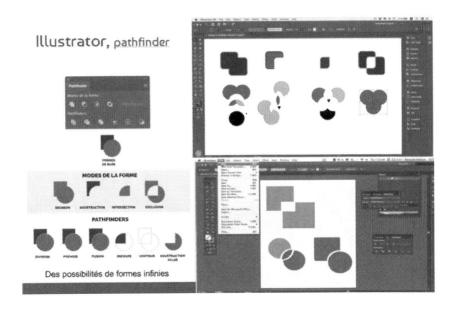

Le path Finder permet de créer des formes à partir de formes.
Prenez deux ou trois formes, amusez-vous tâtonnez avec le Pathfinder, cela créera par addition ou soustraction extrusion des nouvelles formes .

Illustrator, vectoriser une image
Vectoriser en 16 couleurs puis Décomposer.

Et voici le chaînon manquant entre Photoshop et Illustrator. importez une image en pixels vectorisez-là avec la palette ci-dessus choisissez 16 couleurs, et chaque zone de votre photo deviendra une forme (un peu comme les les Polaroïd d'andy Warhol).

Vous pouvez également écrire du texte puis le vectoriser. les lettres deviennent alors des formes que vous pouvez facilement tordre.

Exercices : Remplissez une page avec une image vectorisée, et des formes obtenues avec le pathfinder. Puis prenez 2 logos connus, et remplacez le nom de la marque par votre prénom.

Autres outils Adobe gratuit :

Behance, Portfolio pour les freelance et agences, pour montrer son book
lightroom, retouche d'images (filtres photoshop) et cloud partagé.
portfolio, création site vitrine (gratuit)
adobe stock, color et font, achat d'images polices templates
  stock.adobe.com/fr/ et accord des couleurs :
www.coolors.co

et autres Adobe payant :

adobe XD, design de prototypes.
dreamweaver, éditeur html (sites web)
dimension, images 3D et animations 3D
première, montage vidéo qualité cinéma,
after effect, montage vidéo avec effets spéciaux
Fresco, dessin à main levée, pour tablettes
Magento, création site e.commerce
Tarif pour tous les logiciels : 60 €/mois.
(25 €/m pour un étudiant)

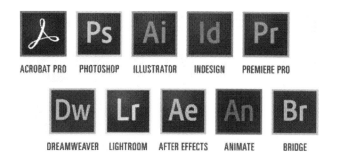

Outils de **création** graphique _____-/ 45

Petit quizz ….

- **Photoshop** : ce logiciel permet de recadrer une image de créer une affiche et de créer un catalogue
- la résolution d'une image pour le web est de 75, 150 ou 300 dpi ?
- la résolution d'une image pour l'impression est de 75, 150 ou 300 dpi ?
- le mélange de deux calques s'appelle « fusion » ou « émulsion »?
- faire un trou dans un calque s'appelle un "casque" ou »masque » ?
-
- incruster une image dans un texte s'appelle "encryptage » ou "incrustage" ?
- on peut rendre une zone plus floue, plus nette,
- On peut copier une zone de l'image et la dupliquer ailleurs plusieurs fois
- les filtres sont utilisés essentiellement par les photographes et sont à l'origine des filtres d'instagram
- les filtres sont utilisés essentiellement par les webdesigners
-
- **Illustrator et indesign** : illustrator permet de créer des catalogues et des logos ?
- indesign permet de créer des logos et des catalogues ?
- indesign permet de gérer les liens, les couleurs quadri la résolution finale et le PDF haute def.
-
- **Autres logiciels que Adobe** : Canva permet de créer à partir d'un modèle et une taille donnée
- Canva est-il plus sophistiqué et proche de photoshop que Pixlr, et permet-il de gérer des calques ?

Outils de design, autre que Adobe, et outils gratuits

CANVA, traitement d'images avec bibliothèque de modèles (sans calques) www.canva.com (freemium)
PIXLR, traitement d'images très poussé, avec calques
pixlr.com
newsletters et automation www.sendinblue.com
SEND IN BLUE, creation de newsletters

PICMONKEY, traitement d'image (filtres)
www.picmonkey.com
vistaprint, impression sur objets et flyers www.vistaprint.fr
google font, http://fonts.google.com
EASELY, création d'infographies www.easel.ly
MAILCHIMP, newsletter également

YOUTUBE, créer des diaporamas,
PEXELS, banque d'images .pexels.com
ANDROID STUDIO, créa applis mobiles
  https://developer.android.com/studio

Des templates (ou modèles) pour s'inspirer

En 10 ans les choses ont bien changé pour un graphiste. Avant, il fallait tout créer soi-même.
Maintenant il y a des templates qui vous font gagner du temps. Voici des sites qui en proposent :

BEHANCE https://www.behance.net/galleries/illustrator
DRIBBBLE https://dribbble.com/shots/popular/branding

ENVATO https://elements.envato.com/fr/graphics
PINTEREST https://www.pinterest.fr/search/pins/?q=logo
AWWWARDS https://www.awwwards.com/
FLAT ICON www.flaticon.com

Voici en détails deux alternatives efficaces à Photoshop : CANVA.com, efficace mais simple, et avec des calques : PIXLR.com ...

Ces deux logiciels sont accessible en web app, ('il n'y a pas de logiciel a installer et que ça se charge en javascript directement dans un navigateur), et en freemium (une gamme de prix par abonnement dont le 1er est gratuit. Vous pouvez ainsi les tester gratuitement).

Outils de **création** graphique

1. Créer facilement à partir d'un modèle, avec Canva

Canva
www.canva.com
outil d'édition d'images,
Avec 60 000 modèles et photos pour créer :
posts Fb insta, diapos, newsletter et print :
flyer infographies brochures catalogues
Tarif : en freemium, puis 9€/mois
Une fois ouvert, canva charge une web app dans le navigateur, pour éditer et remplacer les textes et images. Vous pouvez partager vos créa en équipe.

2. Pixlr E, une alternative réelle à Photoshop

Pixlr E (version "editor" complète,
a ne pas confondre avec pixlr X)

https://pixlr.com/editor/ (freemium puis 4 €/mois) est un outil web app plus puissant, en équipe,

- Également avec plusieurs templates, par types et formats
- propose des calques, avec fusions ! et des filtres (galerie complète), comme photoshop.
- Permet d'ouvrir les fichiers .psd de photoshop
- On y retrouve notamment : baguette magique, floutage (goutte d'eau), densité +ou-, tampon, fluidité (torsion), pot de peinture, degradé …

Pixlr express, version appli spartphone
(uniquement avec des filtres et textes).

Exercices sur PIXLR E

En rapport avec votre projet pro, ou bien inventez un commerce :

- Copiez une affiche de film au choix. Format A3. choisissez en une et tentez de la reproduire, morceau par morceau, en prenant des images sur internet et en détourant les parties dont vous avez besoin.

- créez 3 flyers recto verso formatA5 pour un restaurant, avec la mention "un café offert avec ce flyer".

- créez 3 posts carrés pour les réseaux.

Webdesign UX

Le webdesign UX User Expérience
 expérience utilisateur, expérience client ...
bref votre cible doit être au centre de vos pensées, de votre stratégie. Le schéma au début de ce livre l'illustre bien, il faut créer un parcours idéal, facile et confortable, qui incite les clients à avoir confiance en vous et à acheter (puis à être fidélisé grâce à une relation de confiance).

Newsletters

- Le contenu de votre blog peut être réutilisé sur vos newsletters.
- **trouvez des listes** d'emails : synchroniser le site, jeux-concours,
 exporter les contacts, faites des partenariats. popup
- méfiez vous des achats de listes > blacklisté spammeur
- Editez vos newsletters selon des modèles à personnaliser,

- programmer les envois (plutôt le matin, pas le lundi) et 1x/semaine.
- Utilisez Mailchimp .mailchimp.com ou Send in blue .sendinblue.com

- **Pour éviter le spam** : minimum 50 % texte, et pas de pièce jointe,
- **Faites attention à l'objet,** qui doit donner envie, "-30% pendant 48h"
- ajoutez un "bouton d'action".

- Consultez les statistiques : ouverture (15%), nb clic (1%), désinscrit
- en tête, mettez un menu, et en pied, mettez vos rés. sociaux
- segmentez votre base. par exemple si vous avez un site de sport, segmentez par type de loisirs.

- **Contenu** : n'envoyez pas que des codes promos, les gens se lassent. inventez d'autres choses : événements, jeux-concours, rédaction sans offre, petit cadeau, livraison offerte ...

Il y a donc 3 choses à savoir importante concernant les newsletter :

D'abord le parcours avec deux étapes très importantes et stratégique, le choix de l'objet qu'on écrit, qui incitera à ouvrir l'e-mail , et les statistiques du nombre de clics, c'est-à-dire le nombre de personnes qui clique dans l'e-mail pour visiter le site,

 la 3e chose est d'éviter à tout prix de « tomber dans les spam », pour cela il ne faut pas de pièce jointe et il faut peu d'images et plus de texte (par exemple une seule image). Enfin, le canal newsletter est nettement moins cher que Google et Facebook !

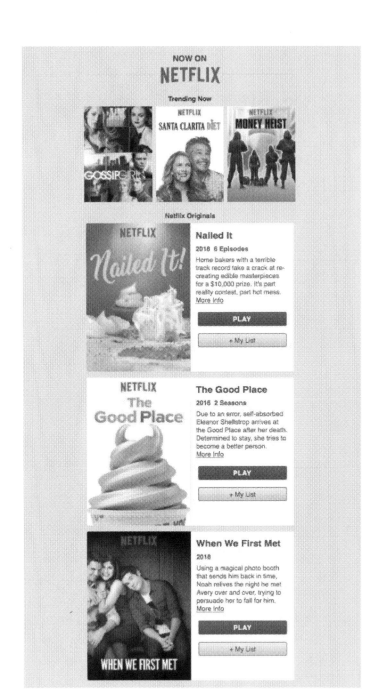

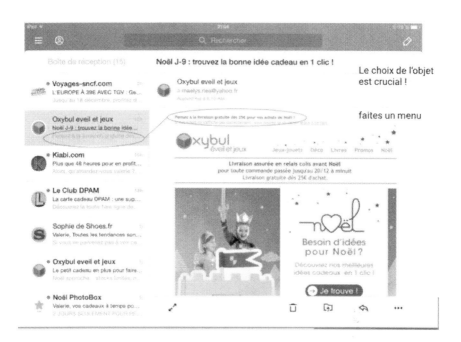

Outils de **création** graphique _____ -/ 57

Wordpress

Structure logique d'un CMS, comme un puzzle !

Avec wordpress, créer un site web n'a jamais été aussi simple.
Vous pouvez créer des blocs de textes et d'images, que vous intervertissez facilement en dessous ou au dessus les uns des autres, ou bien les supprimer. C'est comme une colonne de briques de Légo, mais dont vous pouvez intervertir les blocs. Vous créez ainsi une page, qui a la longueur que vous choisirez.

1. Créer des colonnes, où on ancre des blocs

2. Les blocs :
 Bloc paragraphe (texte),
Titre <h1>, Bloc image, Galerie, Slider,
espace séparateur, Vidéo, Formulaire,
Partage social, Compteurs, Boutons d'actions ...

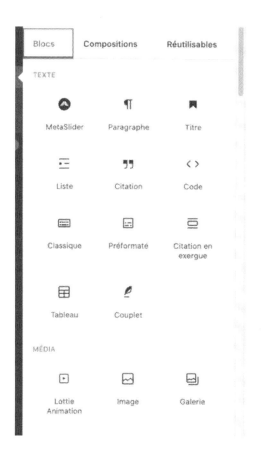

on trouve cette palette de blocs a rajouter,
dans colonne à gauche, en cliquant sur le carré plus.

Outils de **création** graphique _____-/ 59

Extensions, pages, articles, menu

Extensions a installer :
Wordfense (sécurité), IQ block country,
verysimple SSL (cryptage), captcha (sécurité),
All in one SEO (référencement), newsletter,
google site kit (> analytics et search console),
contact form7 (formulaire de contact),
Wpcache (optimise la vitesse) /
Pour le e.commerce : module woocommerce
Thème conseillé : Hestia.

Les pages et les articles
Les articles ont un auteur et une date
(les pages n'ont pas d'auteur ni de date)

Le menu (apparence /menu)
Ajoutez : des pages, des catégories d'articles et des liens.
- Vérifiez le scan de wordfense de temps en temps.
- Assurez-vous que google site kit fonctionne bien.
- Commandez un cryptage SSL à votre hébergeur.
- Utilisateurs : attribuez des accès admin ou auteur.

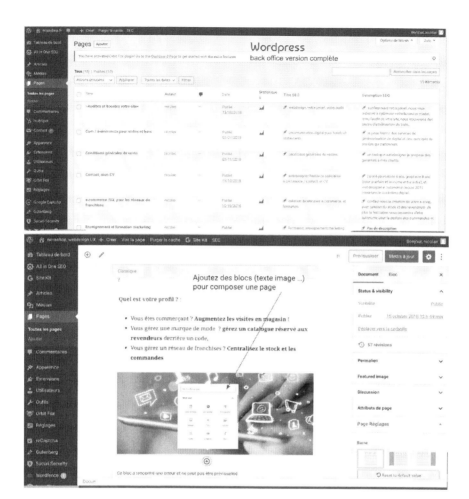

Outils de **création** graphique

Graphisme
pour le e.commerce

Il faut faire léger ! A la bonne taille, pas plus que la taille nécessaire, à 72 pdi, et au format .jpg ou .png (gif si transparent ou animé).

Page d'accueil, diaporama :
 Tous les sites du monde ont une largeur de 1200 pixels. Donc prévoir un diaporama de 1500 px de large, pour un diaporama pleine largeur. **Plus grand est inutile.**
Hauteur : 300 px de haut pas plus, pour qu'on voit encore du texte. 3 ou 4 images suffisent, sinon c'est trop lourd.

Page produit :

images du produit : pour que les gens zooment sur les images et pour envoyer les produits sur amazon, il faut des images de 800x800 pixels (carré).

Prévoir 2 à 3 images par produit.

Prévoir des images pour les déclinaisons (couleurs).

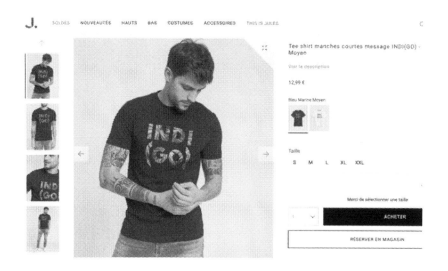

Graphisme
pour les réseaux sociaux

Léger ! A la bonne taille, pas plus que la taille nécessaire, à 72 dpi, et au format .jpg ou .png .

Facebook et Instagram :
 faire des images carrées !. Ainsi elles sont visible autant sur ordi (horizontal) que sur mobile (vertical, 50% des vues) et ça passe en "story". Carré = 800 x 800 px.
Outil : utilisez canva www.canva.com qui vous donnera plein de modèles a personnaliser.

Newsletter : utiliser sendinblue (voir plus haut)
N'oubliez pas de regarder les stats après l'envoi sur ces deux canaux.

Applications smartphone

Business modèles d'applis

Il existe 4 business models :

- gratuit : les plus connues (FB...) car leur business model n'est pas là mais dans le big data ou le e.commerce

- payant : exemple 3€ (modèle en nette perte de vitesse). En 2010, microsoft vendait ses app word et excel pour 25€. ...

- gratuit **monétisé** : gratuit avec options payantes et bandeau publicitaires (quasiment tous les jeux) . Par exemple pour que vos troupes aille plus vite ou que vos ouvriers construisent des maisons plus vite où acheter des ressources de cuivre et de faire vous devez payer en pièces d'or et les pièces d'or se paye en dollars. Ceux qui payent n'auront plus de pub.

- abonnement : exemple 1€/mois (le model phare, généralement BtoB et pro).

Promouvoir une appli

- C'est déjà difficile d'inciter à télécharger une appli, le pire est qu'elle ne soit ouverte qu'une seule fois !
- **les sources de trafic** :
 les res. sociaux, et google ads avec budget pub ciblage remarketing

- mettre une icône et un lien sur son site web
- les influenceurs comptent aussi, car les liens entrant vers l'app store aident à classer l'appli
- demandez de poster des avis à des amis
- **Classement sur le store** : soignez les mots clé, la description, l'icône, captures d'écran, vidéo,
les chiffres les plus important : le nombre d'avis , de téléchargements et de désinstallation.

Le jeu le plus téléchargé du monde est un jeu monétisé : gratuit avec des options payantes.

Les jeux (monétisés)

- 75% des dépenses sont sur des options de jeux, soit 1 Md € en 2018.
- Les plus lucratifs : Player Battlegrounds, Candy Crush, Helix Jump, Subway Surfers, Pokémon GO,
Clash of Clans. Pokemon go a généré 1 md€ !
- Les **serious games** ou business games sont des jeux sans score utilisés dans l'éducation ou la formation.

Success story : (Pretty simple) Criminal Case

Créé en 2010 en France , criminal case regroupe 61 millions de joueurs et a généré 31 m€ en 2018.
Raisons du succès : **le programme de fidélisation** :
une nouvelle enquête **chaque mois** (fidélisation),
un des 1ers **jeux sociaux** (amis Fb).
et **gratuit et monétisé**, vous pouvez faire avancer plus vite, acheter des armes, ...

Applis pour objets connectés

Avec ou sans capteur, ils relient des mesures a une appli, qui collecte des données et fourni une courbe de progression.

- **Sans capteur** (montres, écouteurs),
- **ou avec capteurs** : santé (tension, sommeil),
maison (sécurité, confort),
voiture (aide à la conduite, trafic),
 sport (cardio, km), vêtements (levis) …

- Les assureurs en feraient un système bonus / malus.
- Les assistants connectés : google home   alexa (amazon) ou apple homepod qui accèdent à d'autres applis (agenda, météo, recherche, texto, musique ...).

- En milieu professionnel, ça permet de vérifier à distance plusieurs choses, dont la sécurité et le stock (chaque produit a une puce RFID chez Zara).
Qui sait ce que la 5G nous réserve …
Exemples chez Boulanger.

Applis de réalité virtuelle et réalité augmentée (AR/VR)

- Cela consiste à ajouter des images 3D et infos superposés sur une l'image réelle.
- C'est utilisable sur un smartphone et sur des futures lunettes en cours de conception
- Google Maps propose une version "augmentée" de google maps et street view (voir l'image)

- Des développements sont en cours pour améliorer les interactions entre l'image réelle et l'image virtuelle
- Les premiers domaines où les lunettes seront utilisées sont professionnels : enseignement, santé, industrie
- pour l'instant **les jeux en VR** sont exclusivement sur

smartphone mais les lunettes a usage "pro" financeront d'autres lunettes à des prix abordables pour l'univers des jeux vidéo en VR.
- Niantic a une longueur d'avance dans le domaine avec son jeu Pokemon Go. et bientôt Harry potter.

VR et AR sont aussi utilisés par les maques en magasin Pour augmenter l'expérience client.

Google maps avec street view

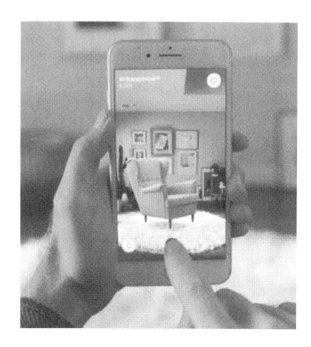

Ikea propose ikea place, et vous pouvez voir le meuble chez vous avant de l'acheter !

Avec le jeu Knightfall, il vous faut une table, et hop, le jeu apparaît ! sur smartphone et lunettes.
On pe présente plus pokémon go ...

Voici des chaussures Gucci virtuelles (mais prix réel, 10€), visible uniquement avec un appareil.

Créer une appli, deux options ...

A l'image des sites Web, soit vous le développez vous même avec un modèle open source, soit vous payez un abonnement sur un outil en ligne :

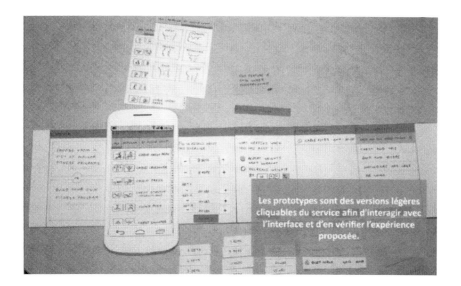

Les prototypes sont des versions légères cliquables du service afin d'interagir avec l'interface et d'en vérifier l'expérience proposée.

1. Pour débutants :

en Sass : le leader est Good Barber,
il y en a d'autres : swiftic, appmachine, soutem, Appligo ...
ou Siberian (modules payants)
Tarif : (40 à 80 €/mois)

Outils de **création** graphique

Choisissez facilement le design et les fonctionnalités sans aucun code. C'est aussi ce qu'on appelle le « no code ».

Outils de **création** graphique

2. Pour les pros (les agences) :

Créez un prototype, avec Figma, puis le coder avec Bravo :

Figma www.figma.com freemium pour 3 projets, puis 12 €/mois.
Créez un prototype, testez-le et partagez le en équipe. Cela permet d'aller plus loin dans le design et les fonctionnalités (le codage JS)

Puis xportez votre proto figma vers **Bravo**, qui créera une appli utilisable : www.bravostudio.app/

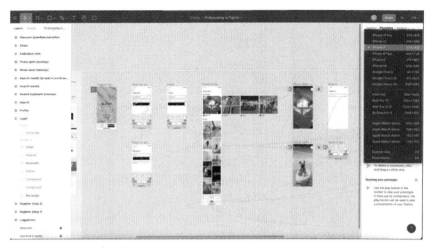

Deux écrans de Figma.

Figma est l'outil pour l'UX design. Tout est conçu pour l'utilisation des visiteurs, boutons, interface, ... dont l'utilisateur est au cœur de la conception. Inspiré d'Illustrator, qui prend vite ses distances pour servir essentiellement a créer des prototypes, d'applis mobile et de sites web. Par exemple Spotify a été entièrement conçu sur Figma. De plus votre projet peut être partagé et collaboratif.

Il est disponible en freemium, c'est-à-dire que vous pouvez ouvrir un compte, l'appli (en JS javascript) se charge sur votre navigateur et vous pouvez accéder a un prototype existant d'appli mobile, avec les liaisons des boutons vers les écrans, pour vous familiariser (voir image), et la possibilité d'en créer un qui sera le vôtre.

> **Exportez** en suite de Bravo vers :
Android studio et Xcode (apple)

Pour aller plus loin :
Android studio et apple

Si votre client a un gros budget est un projet très complexe par exemple inventer un futur Airbnb, le développement de l'appli sera donc spécifique et complexe et nécessite des développeurs chevronnés ...

- Pour Android (google /js, open source), utilisez angular, compilez publiez avec Android studio :
developer.android.com/studio

- notez que android accepte toute sorte d'appli et que apple IOS parfois refuse une appli.

- gestion de projet : si l'appli devient très complexe, sortez une V1 simple et provisoire, en "béta test" !
- mises à jour de l'OS et fonctions à exploiter : géolocalisation , notifications , réalitée augmentée , objets connectés, et bien d'autres ...

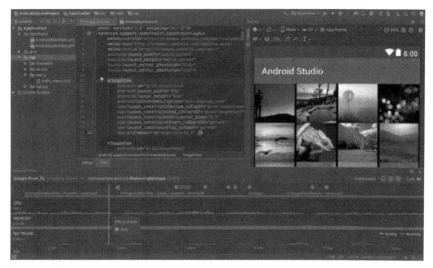

Android studio

- Pour Apple (licence propriétaire a payer),
Utilisez XCode https://developer.apple.com/xcode/ :

Outils de **création** graphique _____ -/ 80

Les agences de pub

Le plus important dans la relation entre une agence et un client, avant de s'amuser à créer des visuels, est de bien réussir la prise de »brief » (ou cahier des charges), c'est-à-dire prendre des notes précises de ce que voudrait le client, et bien respecter ce brief.

Une fois sur deux, le client ne sait pas très précisément ce qu'il voudrait, ou bien il attend vos conseils pour savoir ce qu'il est possible de réaliser, alors prenez soin au moment du brief de tout préciser, ça permettra de réaliser un devis clair et détaillé, et d'éviter que le client, à la fin du projet, dise qu'il manque la moitié de ce qu'il a demandé !

Les métiers d'une agence

Les agences de pub sont composées de plusieurs métiers complémentaires :
- Les commerciaux, qui après la vente, sont le lien entre le client et l'agence (aller-retour de corrections)

- Les concepteur rédacteur, qui créent le concept général et le slogan
- Les directeurs artistiques, qui gèrent plusieurs campagnes et graphistes.
- Les graphistes, qui jonglent entre les campagnes en cours et qui notent leurs heures de travail par client.

Le brief agence

Le brief agence / la problématique du client :

Objectif : Réaliser juste un état des lieux, résumer sa problématique.
Pas de proposition graphique a ce stade.
Prise de brief : imaginez que le client vient et expose ses besoins.
Ou bien basez-vous sur des documents que vous avez reçu (pages et vidéo).
Poser les bonnes questions et bien noter :

La demande	le message essentiel a faire
la problématique	passer
Les concurrents	Le support (flyer, web …)
ce qui est à garder, ce qui ne l'est pas	la cible (persona)
Les objectifs	Budget et
	date de rendu

Outils de **création** graphique

Brief créatif

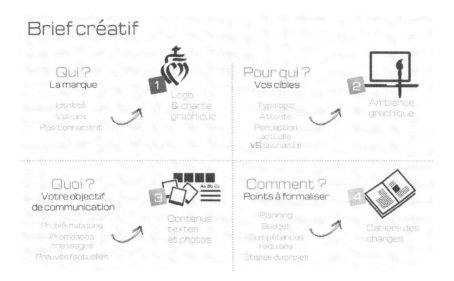

Gestion de projet

Côté annonceur / chef de projet

Il y a donc 3 intervenants : l'annonceur (ex. danone), l'agence (ex. publicis) et l'imprimeur.
Chez l'annonceur, c'est le directeur marketing qui confie ça à une personne de la communication :
Brief, appel d'offres, budget et planning par phases.

Cahier des charges (interne)

Il comprend les éléments essentiels pour faire une demande auprès d'une agence :
Le message (l'annonceur a souvent une idée de message qu'il faudra reprendre)
la cible (adolescents, mères de famille, retraités ...),
la charte graphique, le budget et le support /

L'appel d'offres / le brief

L'annonceur doit chercher un prestataire adapté à son budget : vuitton fera appel a une agence chère et connue, et une PME cherchera souvent le devis le moins cher.
On peut ainsi comparer les prix, en demandant **au moins 3 devis.**

Demander des **devis détaillés,** pour pouvoir comprendre ce qui est compris dans la prestation.

Budget et commande

L'annonceur passe commande auprès de l'agence.
Il **signe un devis / bon de commande** , et paye un accompte (30%) . Le devis final doit être aussi **détaillé** que possible, pour qu'il n'y ait pas de malentendu ou conflit pendant la prestation.

Planning et validations

Le client annonceur veille à ce que le planning de rendu des documents soit respecté. on peut aussi prévoir **des étapes intermédiaires de validation** avant le rendu final, comme par exemple uniquement le texte de la brochure, ou les achats de photos.

Exercice
Ecrivez un brief pour agences : marque "caroline cosmétiques", huile solaire, ciblé ados, opération "ETE", annonce presse closer (A4). et envoyez ça par e.mail.

La charte graphique

Une marque sérieuse est toujours chartée !
- Elle comprend **les couleurs et polices à décliner** et respecter sur tous les supports sans exception
- Elle a été définie en fonction des goûts des clients cible et à l'opposé des concurrents.
- elle sert à identifier **les valeurs essentielles** de votre métier

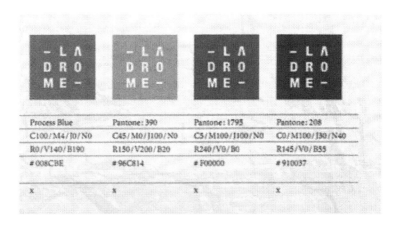

PANTONE®	recipe*	7483 C / 357 U	485	877
CMYK	C 100 M 0 Y 100 K 24	C 90 M 0 Y 100 K 60	C 0 M 100 Y 100 K 0	C 0 M 0 Y 0 K 30
RGB	R 0 G 130 B 0	R 32 G 85 B 39	R 255 G 43 B 0	R 195 G 195 B 195
#	008200	205527	ff2b00	c3c3c3
RAL	6029	6002	3020	9022

| 1235 C | 164 C | 424C | 1215C | 424C | Texture 1 | Texture 2 |

AQUA

ABCDEFGHIJ
KLMNOPQRST
UVWXYZ
abcdefghijklm
nopqrstuvwxy

CHALET

ABCDEFGHIJ
KLMNOPQRST
UVWXYZ
abcdefghijklm
nopqrstuvwxy

CHEDAR

ABCDEFGHIJKLMNOPQRST
UVWXYZ
abcdefghijklm
nopqrstuvwxy

Outils de **création** graphique ─/ 87

COMMENT FAIRE UNE
CHARTE GRAPHIQUE

Les chates graphiques peuvent être complétées par des « gabarits de création de documents » et des directives d'emplacement, qui seront la trame des futurs documents (qui n'existent pas encore). Voici des exemples :

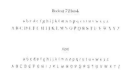

Outils de **création** graphique

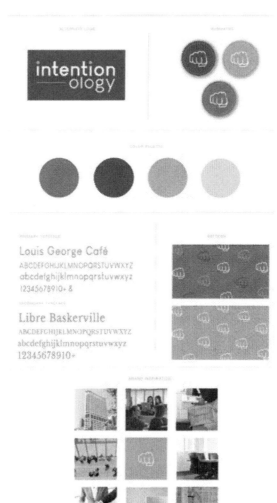

Outils de **création** graphique

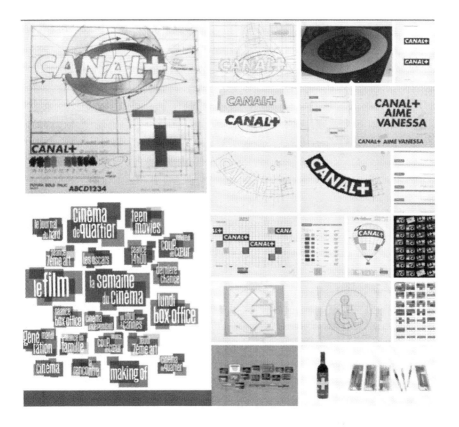

Le logo

Vous n'êtes pas là pour vous faire plaisir.
Faites un logo qui résume votre métier et qui plaît à votre clientèle.

Faites un logo identifiable de loin, avec votre nom et juste une astuce visuelle.
Ne chargez pas le logo !.

La forme parfaite : un rectangle horizontal

Outils de **création** graphique

Symbolique des formes de logos

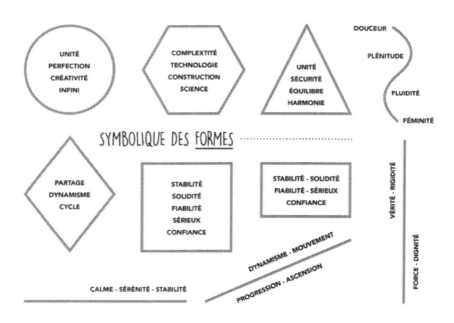

Les logos, par famille de formes :

Outils de **création** graphique

Avec Serif	Sans serif	Scripte	Monospace

Impact   *Lobster*   Oswald   Oxygen   syncopate

Open sans   Quick sand   Docis   Pacifico   Concert one

Outils de **création** graphique

Les Couleurs

Il existe 3 façons d'exprimer une couleur : RVB, CMJN (print), pantone et html #
il existe un site qui aide à harmoniser les couleurs :
https://color.adobe.com/
maitrisez bien les couleurs complémentaires ! on n'assemble pas les couleurs n'importe comment.

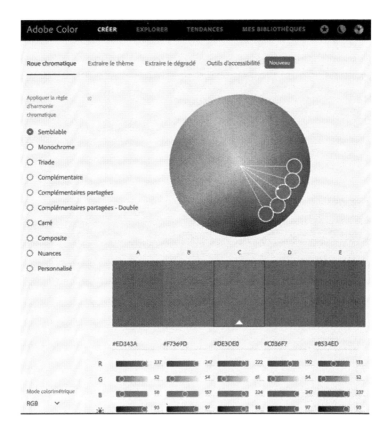

Symbolique des couleurs

Outils de **création** graphique

Symbolique des polices

myfont.com / what the font
permet de trouver la police utilisée dans une image :

Popular Serif Fonts	Associations
Times New Roman	Traditional
Bodini	Impressive
Georgia	Authority
Garamond	Respect
Baskerville	

Popular Serif Fonts	Associations
Helvetica	Clean
Verdana	Modern
Arial	Stable
Century gothic	Objective
Calibri	

Outils de **création** graphique

Popular Serif Fonts	Associations
Rockwell	Bold
Courier	Strong
Museo	Solid
Clarendon	Modern
Bevan	

Popular Serif Fonts	Associations
Lobster	Feminine
Zapfino	Friendly
Pacifico	Elegant
Lucida	Creative
Brush Script	

Popular Serif Fonts	Associations
Infinity	Exclusivity
Eurostyle	Fashionable
Majoram	Stylish
Matchbook	Sharp
Politica	

Pourquoi les marques de luxe virent au noir ?

Les marques de luxe créent des colab' (collaboration) :
- Avec des artistes de streetart
- des marques de streetwear (adidas, nike)
- des chaines de magasins (ex: Lagerfeld et H&M)

Outils de **création** graphique

- ou créent leur propre collection « steetwear / sportwear » ce qui justifie un logo à part.

Le vocabulaire graphique

(mon petit lexique perso ...)

Ca cogne : les éléments sont trop proche les uns des autres, « ca respire pas », et la moitié du document est « vide ».

Ca flotte : les éléments ne sont pas alignés. Ils sont proche les uns des autres mais sans structure d'ensemble.

Ajouter de la matière : la photo est coupée, il faut rajouter de l'image, du paysage par exemple. C'est un peu complexe mais quand il manque du ciel en haut ou de l'herbe en bas, vous pouvez en rajouter avec le « tampon ».

Mise au format : décliner une publicité validée, sur différents formats (A4, A5 > affiche 4x3), en repositionnant les éléments sans les déformer (le format varie d'un magazine à l'autre).

Un bord tournant : il faut de l'espace autour d'un élément pour le mettre en valeur, surtout un logo ! (créer une « marge vide » autour d'un logo est obligatoire).

Mettre de l'humain : ajouter des gens pour que le client s'identifie. Des images de familles permettent d'imaginer le produit dans sa vie quotidienne, et bien sur, choisissez des gens qui sont exactement la cible du service ou produit.

C'est propre : ca doit être simple et clair. C'est lisible de loin ! et oui, imprimez puis éloignez-vous du support, pour voir si c'est lisible de loin en une ou deux secondes.

Aligné mais pas symétrique : alignés par la droite ou la gauche, mais pas par le centre. La symétrie donne une impression monotone :

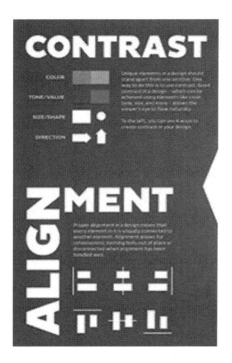

Aller à l'essentiel : À l'opposé du site web, essayez de résumer votre message sur trois phrases, par exemple : le nom le lieu la date et c'est tout. si il y a trop de texte les gens lisent plus rien.

Contraste ! : toutes les couleurs ont un pourcentage de noir. Parfois le texte se lit très mal par rapport au fond, a cause du contraste. Alors il faut éclaircir le texte ou ajouter un aplat (rectangle) entre les deux.

Hyérarchie de l'information : supprimez le texte inutile puis classez le par ordre d'importance. En général le nom de l'événement est le plus important, et il est mis en haut. La suite doit être écrit en plus petit.

Repérez ce qui est aligné et ce qui cogne dans ces 3 pubs :

Les deux pistes

Avec le brief, l'agence ou le graphiste doit être en mesure de **proposer deux pistes** voir trois.
choisissez 2 univers très différents, et proche de la demande, que l'annonceur peut mixer. il ne dira pas "j'aime pas", et ça vous fait gagner beaucoup de temps

Proposez deux pistes, deux univers, pour la même campagne

(petit kief, celle-là c'est moi qui l'ai faite !)

Droits d'auteurs

Dès le devis , parfois un budget d'achat d'images est prévu. Les droits d'auteur des images utilisées appartiennent à un photographe. Il faut acheter sa photo sur un site comme CORBIS ou ADOBE PHOTO :
https://stock.adobe.com/fr/images pour acheter l'image avec ses doits .
Pareil pour la musique et les vidéos d'illustrations.
autre site utile : www.pexels.com

Réussir ses diapos commerciales

Avant
- Commencez par le texte ! occupez-vous du graphisme après.
- Répartissez ce que vous avez à dire en parties, créez un sommaire

- Penser au "bénéfice client". ce qui compte, c'est pas l'aspect technique du produit mais ce que ça apporte de positif aux clients (ex. vendez moi ce stylo).
- 10 diapos maxi, avec pour chacune, min. 5 mots clés (keynotes), maxi. 3 phrases.

Graphisme :
respecter la charte graphique, utiliser le "masque".
 maximum 2 polices et 3 couleurs. éviter les animations.
Eviter les gras et souligné.
prévoir une diapo de titre pour la 1e diapo et chaque partie, ex. : concept services produits marché,
et une diapo type pour les autres diapos.
- photos : utiliser des photos haute déf. grandes. une ou deux photos par diapo, pas plus.

Pendant le rendez-vous
- ne pas lire ses diapos (qui sont un résumé), mais commenter les diapos.
- faire parler, éviter les monologues, poser des questions
- prés. commerciales : faire une version pdf pour l'envoyer par e.mail
- et prenez des notes !

Infographie

- Le visuel est roi!. Il n'y a rien de tel qu'un visuel très clair (flat design) à intéresser et à partager.
- Transformez vos feuilles de calcul Excel ou vos articles écrits en graphiques remplis de pictogrammes et d'illustrations.
- sites: Easely .easel.ly et Infogram .infogram.com

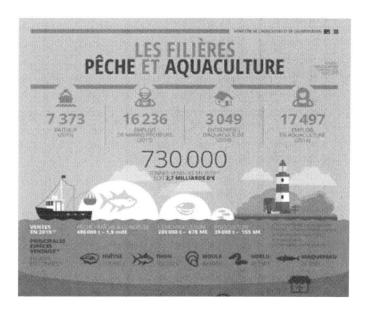

Petit quizz ... :

- la charte graphique ne dépend pas de vos gouts mais de ceux de votre cible "persona"
- elle doit se différencier de celle de vos concurrents !
- la chate graphique comprend le logo, les couleurs et polices a respecter, ainsi qu'un gabarit pour les futures affiches et brochures
- avec sérif signifie avec empatement. ou avec espacement ?
- Quelles sont les 3 façons d'exprimer une couleur, pour le digital le print et le web ?
- Citez des sites où l'on peut acheter des images libre de droit, et qu'est ce que ca signifie ?
-
- **Vocabulaire graphique**
- Quelle expression utiliser pour dire que c'est entassé ?
- Quel genre d'image utiliser dans une pub ? Quel est l'élément récurrent dans la plupart des pubs ?

Outils de **création** graphique

- Quelle expression utiliser pour dire qu'il n'y a pas de structure, que c'est bancal, et comment y remédier ?
- Que signifie « mise au format » ?

Exercice : charte graphique

Choisissez une marque connue et définissez leur charte graphique : **couleurs et polices** ainsi que celle de ses concurrents. Montrez l'évolution du logo. Expliquez l'univers de la marque. Montrez l'usage de la charte sur leur site, et comment il est decliné sur les reseaux sociaux.
Indice : polices sur google font ou what the font, couleurs sur adobe color, + recherche sur internet.

Aidez-vous des sites chartes-graphiques.com/ de .myfonts.com/WhatTheFont/ et color.adobe.com/.
Donnez votre avis et vos recommandations ! (points forts et points faibles)

Les imprimeurs,

Les principaux formats

Affiche simple : A3 29x42 cm
Papier standard : A4 21x29,7 cm
Catalogue, mag. : A5 18x23 cm
Flyer, carte postale : A6 11x15 cm
carte de visite : 8,5 x 5,5 cm
objets, stylo, tasse : sérigraphie
Voir www.Vistaprint.com
Autres : cul de bus, stop rayon ...

Affiche 4x3 (en ville) : 400x300 cm
emballage : outil de découpe
présentoir : selon le plan
Epaisseurs de papiers
130 g/m2 : papier habituel en page intérieure
250 g/m2 : papier pour couverture
350 g/m2 : papier pour un emballage ou flyer

Réaliser un dépliant :

A4 >A5 (1 pli)
= 4 pages

4	1
2	3

A3 >A5 (2 plis)
= 8 pages

■ dos ■ face

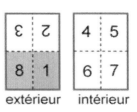

extérieur   intérieur

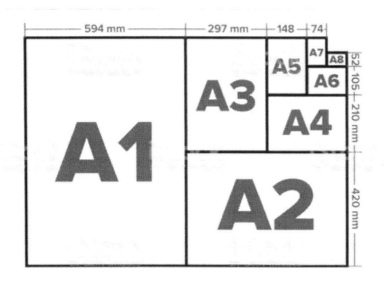

Exemple de flyers

Présentoir (ou PLV)

Kakémono (enroulable)

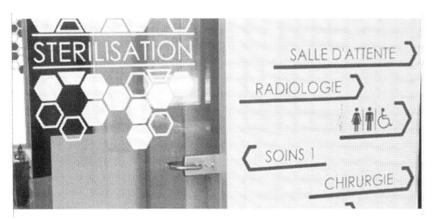

signalétique

Outils de **création** graphique

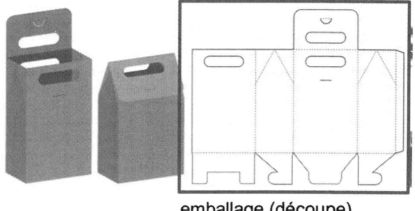

emballage (découpe)

« L'outil de découpe » est votre 1er calque sur photoshop, qui vous sert de guide. L'imprimeur en aura besoin, dans un fichier à part.

Validation et BAT agence

Le travail de l'agence est presque terminé. Il reste à valider le résultat final en faisant signer un **Bon A Tirer** par l'annonceur sur une version imprimée couleur.

PDF hd

Un PDF comprend : le texte (sous forme de texte, et pas d'image), et les images (compressées en jpg). pour un PDF hd, les réglages sont pré-enregistrés (images 300dpi, couleur cmjn, et sans compression). Les imprimeurs vous demandent aussi les fichiers de polices d'origine, ou d'autres éléments.

Fond perdu
et traits de coupe

L'imprimeur va imprimer votre visuel sur un papier plus large que le format final puis il va le faire découper en suivant les traits de coupe. Ainsi les images et couleurs iront jusqu'au bout du papier.

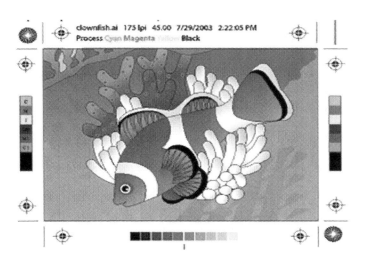

Grammage, épaisseur papier

Les plus utilisés : catalogue : 135 g/m². flyer : 250 g/m².
Ces traits de coupe permettent a l'imprimeur de recouper le papier.

Couleurs

Il existe 4 façons d'exprimer une couleur : RVB, CMJN (print), pantone et html # (web).
Voir Pantone https://store.pantone.com/fr/fr/colorfinder et la palette couleur de Photoshop.

Ton direct

Les couleurs, à la base c'est des ancres. Le papier passe sous 4 couleurs : CMJN cyan magenta jaune noir. Certaines couleurs sont impossible à reproduire en CMJN : les couleurs fluo et l'or par exemple.

Alors on fait passer le papier sous une ancre de la couleur qu'on désire, directement, sans composition CMJN. Par exemple des catalogues juste imprimé en 2 couleurs au lieu de 4, gris et orange fluo.

5e couleur

Si vous choisissez d'imprimer en quadri CMJN
+ utiliser un ton direct fluo.

Les imprimeurs en ligne

L'impression en ligne est apparu il y a 10 ans et est une solution pro et de qualité. Le leader est Vistaprint, qui imprime en europe de l'est. www.vistaprint.fr mais aussi Easyflyer www.easyflyer.fr

Quantité / Numérique, offset, ou héliogravure

Choisissez le type d'impression en fonction de la quantité.
de 100 à 2 000 exemplaires : numérique,
de 2 000 à 300 000 ex : **offset** .
plus de 300 000 : héliogravure .

Sérigraphie /
Pour imprimer sur des objets (stylo, tasse)

Valiation BAT imprimeur et pré-presse

L'imprimeur envoi alors une ultime impression à l'annonceur, **qui signe dessus un Bon A Tirer imprimeur,** pour validation. Le pré-presse est le fait de valider techniquement le PDF hd.

Façonnage, pliage, dos carré collé

Emballage /

Découpe, vernis, pliage, gaufrage, rainage
Pour être plus élégant, un emballage peut-être découpé en son centre. Cela fait aussi l'objet d'un calque à part sur photoshop nommé "découpe" et en noir.

on peut aussi créer un vernis sélectif, pour faire ressortir un élément. c'est aussi intégré dans le fichier comme un calque noir et nommé "vernis".

Après l'impression, le papier a besoin d'être plié ! Un rainage simple ne suffit pas. pour un emballage, on utilise souvent un "double rainage", pour que ca soit plus net et plus élégant. Enfin le gaufrage permet d'ajouter un relief sur un endroit précis.

Catalogue /

Brochage, dos piqué ou dos carré collé
Pour un catalogue, jusqu'à 24 pages, on utilise un dos piqué (2 agrafes), et au delà, un dos carré collé, c'est-à-dire coupé puis noyé dans de la colle et dans une forme carrée.

Packaging emballage

L'imprimeur va fabriquer un **outil de découpe**, avec les traits de coupe (trait continu) et de rainage (pliures, traits pointillés) Généralement sur papier 350 g/m2 (épais).

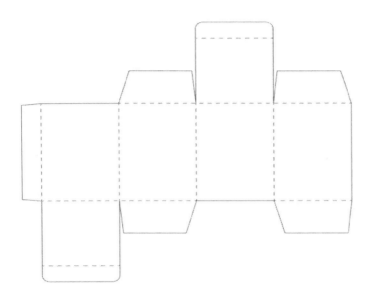

Exercice / Emballage

- Créez un emballage pour **un** parfum. Sur **deux pistes** graphiques différentes pour le même (ex. dynamique et zen). Trouvez deux formes originales, puis trouvez des idées qui vous inspirent sur behance par exemple. Utilisez photoshop.
- Créez aussi un flyer en 2 versions sur le 2 mêmes pistes (sur canva.com).

Design et tendances

Les 10 tendances de design à suivre

Les bibliothèques de templates (ou modèles)

En 10 ans les choses ont bien changé pour un graphiste. Avant, il fallait tout créer soi-même.
Maintenant il y a des templates qui vous font gagner du temps. Voici des sites qui en proposent :

DRIBBBLE https://dribbble.com/shots/popular/branding
ENVATO https://elements.envato.com/fr/graphics
BEHANCE https://www.behance.net/galleries/illustrator

PINTEREST www.pinterest.fr/search/pins/?q=logo
FLAT ICON www.flaticon.com
AWWARDS /www.awwwards.com/

Greenery, vert cru, le bio, écolo, dév. durable,
Less is more, minimalisme, design apple, très épuré, n/b,
Les pastels naturels, corail aubergine prune moutarde
Végétal, palmier ananas flamingo, tropical,
Cassé décomposé, polices fines, logo dégradé, que du texte
Vintage, années 30 50 et 80, géométrie, noir et or,
Flat design, dessin vectoriel , design google, 3D flat,
Dégradé vif, dégradé fluo, monochrome

Outils de **création** graphique

Tendance # 1/. Greenery,

vert cru, le bio, écolo, dév. durable, circuit court, les valeurs

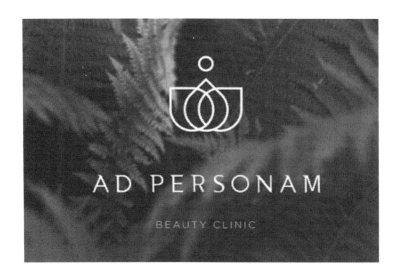

Outils de **création** graphique

2/. Less is more,

minimalisme, design apple, très épuré, n/b, grandes polices

3/. Les pastels
naturels, corail aubergine prune moutarde céladon rose

#4 /. Vegetal, tropical
pineapple palm flamingo, tropical, cactus, tiara flower

O.S.

#5 /. Cassé, décomposé,

polices dégradées, script fonts, logo decomposé , swiss style, juste du texte

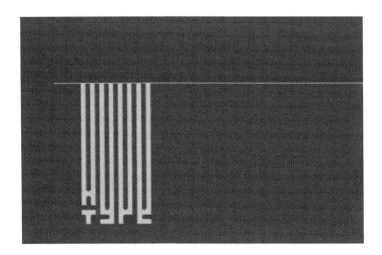

Outils de **création** graphique _____-/ 137

#6 /. Vintage, 30 60 ou 80

1930s, 60s or 80s, geometry, black and gold,

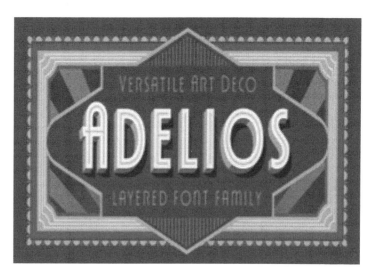

Outils de **création** graphique

#7 /. Flat design,

vector drawing (illustrator), google design, semi flat, 3D flat,

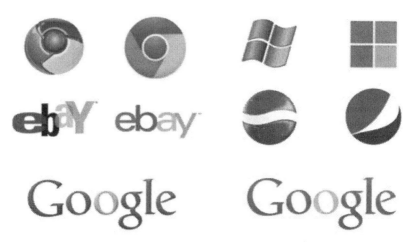

Les logos en relief des années 90 sont tous devenu « flat »

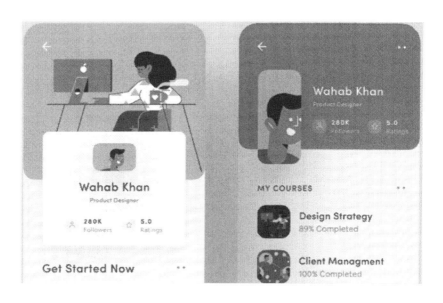

#8 /. Dégradé vif,

Dégradé fluo, monochrome or avec la complémentaire

Outils de **création** graphique

Outils de **création** graphique _____ -/ 144

#9 /. Pictos,

Remplacez les mots par des pictos, Créez des icones plûtot que tu texte.

Accelarate Your Business Towards Success

Lorem Ipsum is simply dummy text of the printing and typesetting industry. Lorem Ipsum has been the industry's standard dummy text ever since the 1500s,

WHAT WE DO ?
OUR SERVICE

Creative Idea
Lorem Ipsum is simply dummy text of the printing and typesetting industry. Lorem Ipsum has been the industry's standard dummy

Development
Lorem Ipsum is simply dummy text of the printing and typesetting industry. Lorem Ipsum has been the industry's standard dummy

Marketing
Lorem Ipsum is simply dummy text of the printing and typesetting industry. Lorem Ipsum has been the industry's standard dummy

#10 /. Formes et collages,
mix de photos et vector images, (attention aux colors)

Outils de **création** graphique _____-/ 147

Dans la même collection

Journalisme et influenceurs

Webdesign et webmarketing

Outils de création graphique, et adobe CC

Design graphique du 20e siècle

Veille et stratégie digitale

Innovation et business modèles

Devenir digital nomade

Devenez franchisé

Luxe valeurs et story telling

Production vidéo, écriture tournage montage

(Disponible sur Amazon)

Police texte : maven. Police titre : baumans.

© Nicolas de Beaulieu, Novashop,

enseignant en écoles de design et en entreprise

www.novashop.fr – nicolas@novashop.fr

si vous avez aimé ce livre, svp postez un avis sur amazon.fr

Outils de **création** graphique _____ -/ 148

Printed by Amazon Italia Logistica S.r.l.
Torrazza Piemonte (TO), Italy

60149732R00086